AF284865

Impressum
Verlag: BABADADA GmbH, Nedderfeld 112 , 22529 Hamburg
Geschäftsführer / Verlagsleitung: Harald Hof
Druck: Books on Demand GmbH, In de Tarpen 42, 22848 Norderstedt

Imprint
Publisher: BABADADA GmbH, Nedderfeld 112 , 22529 Hamburg, Germany
Managing Director / Publishing direction: Harald Hof
Print: Books on Demand GmbH, In de Tarpen 42, 22848 Norderstedt

shule

مدرسه

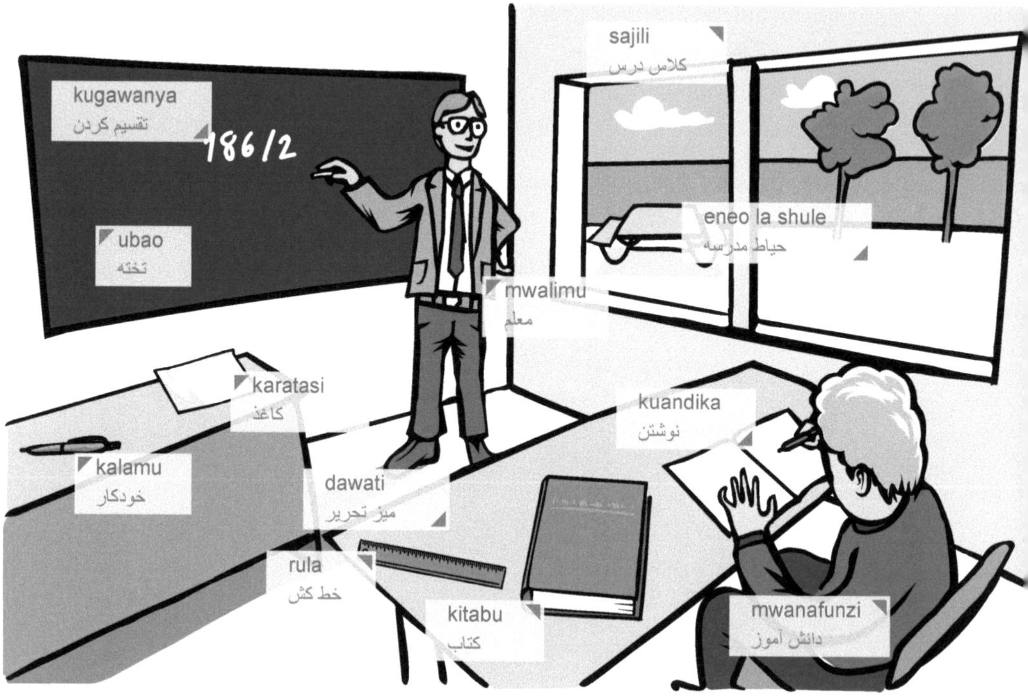

kugawanya
تقسیم کردن
186/2
ubao
تخته
sajili
کلاس درس
eneo la shule
حیاط مدرسه
mwalimu
معلم
karatasi
کاغذ
kuandika
نوشتن
kalamu
خودکار
dawati
میز تحریر
rula
خط کش
kitabu
کتاب
mwanafunzi
دانش آموز

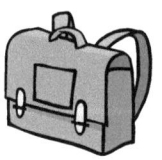

mkoba

کیف مدرسه

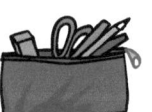

kikasha cha penseli

جامدادی

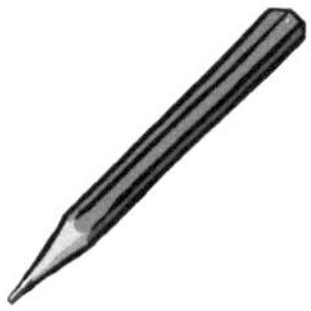

penseli

مداد

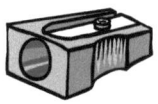

kichonga penseli

تراش

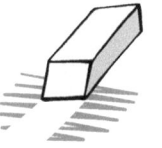

mpira

پاک کن

pedi ya kuchora

دفتر رسم

uchoraji

طراحی

brashi ya rangi

قلم مو

sanduku la rangi

جعبه ی ابرنگ

mkasi

قیچی

gundi

چسب

daftari

کتاب تمرین

kazi ya nyumbani

تکلیف خانه

nambari

رقم

jumlisha

جمع کردن

ondoa

تفریق کردن

zidisha

ضرب کردن

kokotoa

محاسبه کردن

barua

حرف الفبا

alfabeti

الفبا

neno

کلمه

maandishi

متن

kusoma

خواندن

chaki

گچ

somo

درس

sajili

ثبت نام

uchunguzi

امتحان

cheti

مدرک رسمی

sare za shule

لباس مدرسه

elimu

تحصیلات

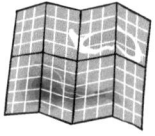

elezo

دانشنامه

chuo kikuu

دانشگاه

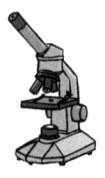

darubini

میکروسکوپ

ramani

نقشه

kikapu cha kuweka karatasi chafu

سبد کاغذ باطله

usafiri
سفر

hoteli
هتل
Grand
hosteli
مسافرخانه
ROOMS
EXCHANGE
ofisi ya ubadilishanaji
صرافی
sanduku
چمدان
gari
اتومبیل

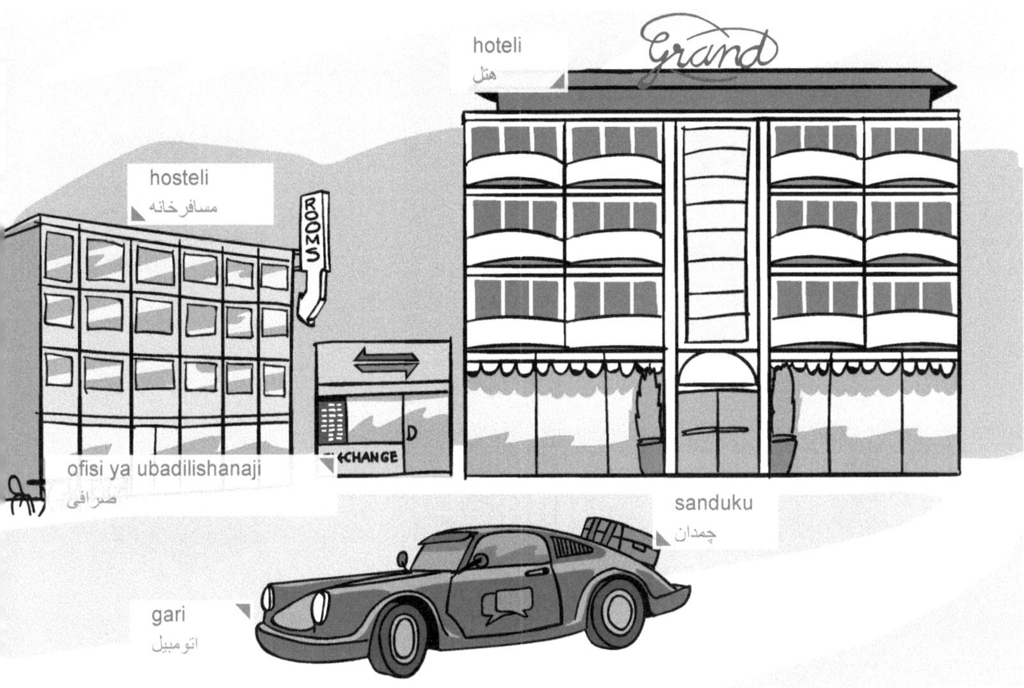

lugha
زبان

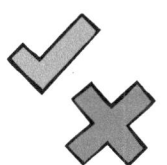

ndiyo / la
بله / خیر

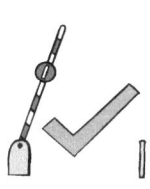

sawa
اکی

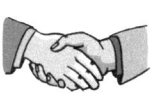

hujambo
سلام

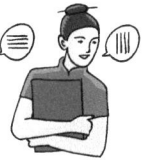

mtafsiri
مترجم

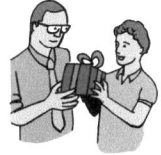

Asante
ممنون

kiasi gani ni ...?

قیمت ... چه قدر است؟

Sielewi

من متوجه نمی شوم

tatizo

مشکل

Jioni njema!

عصر بخیر! / شب بخیر!

Habari za asubuhi!

صبح بخیر!

Usiku mwema!

شب بخیر!

kwa heri

خداحافظدار

mwelekeo

جهت

mizigo

بار سفر

mfuko

کیف

shanta

کوله پشتی

mgeni

مهمان

chumba

اتاق

begi la kulalia

کیسه خواب

hema

خیمه

taarifa ya utalii

مركز راهنمای گردشگران

ufuo

ساحل

kadi

كارت اعتباری

kifunguakinywa

صبحانه

chakula cha mchana

ناهار

chakula cha jioni

شام

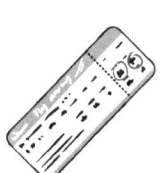

tiketi

بليط

kuinua

آسانسور

muhuri

مهر

mpaka

مرز

mila

گمرک

ubalozi

سفارتخانه

visa

ويزا

pasipoti

گذرنامه

usafiri
حمل و نقل

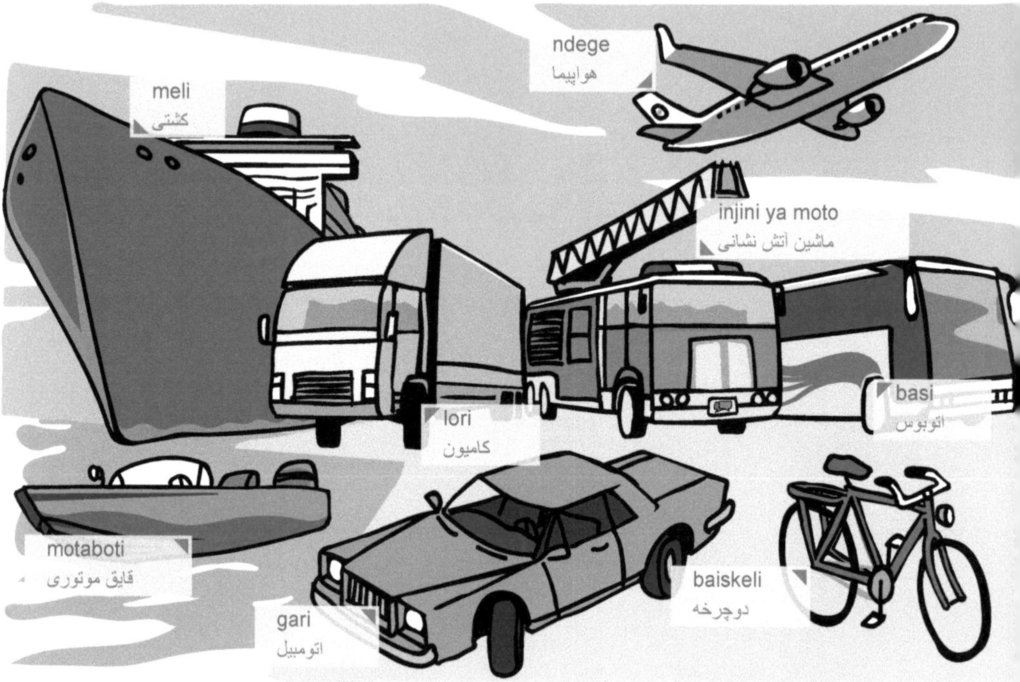

ndege
هواپیما
meli
کشتی
injini ya moto
ماشین آتش نشانی
lori
کامیون
basi
اتوبوس
motaboti
قایق موتوری
baiskeli
دوچرخه
gari
اتومبیل

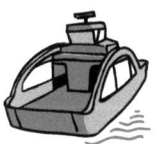

feri
کشتی مسافربری

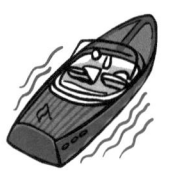

mashua
قایق

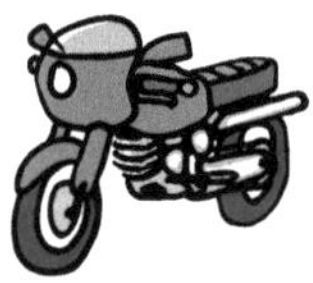

pikipiki
موتورسیکلت

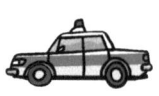

gari la polisi
ماشین پلیس

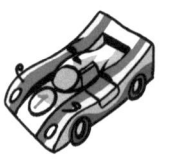

gari la mashindano
ماشین مسابقه

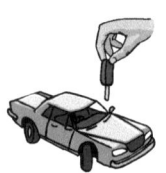

gari la kukodisha
ماشین کرایه ای

kushiriki gari

به اشتراک گذاری اتوموبیل

lori la kuvuta

جرثقیل

ukusanyaji taka

ماشین حمل زباله

motor

موتور

mafuta

بنزین

kituo cha mafuta

پمپ بنزین

ishara trafiki

تابلو راهنمایی و رانندگی

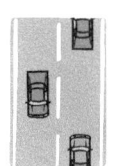

trafiki

عبور و مرور

msongamano

ترافیک

maegesho

پارکینگ

kituo cha treni

ایستگاه قطار

reli

ریل راه آهن

garimoshi

قطار

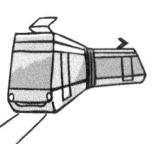

tremu

قطار برقی

gari la mizigo

واگن

helikopta

هليکوپتر

uwanja wa ndege

فرودگاه

mnara

برج

abiria

مسافر

chombo

کانتينر

katoni

کارتن

mkokoteni

گاری

kikapu

سبد

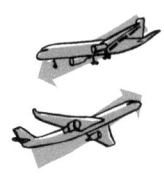

ondoka

به پرواز درآمدن / فرود آمدن

jiji

شهر

kijiji

دهکده

katikati ya jiji

مرکز شهر

nyumba

خانه

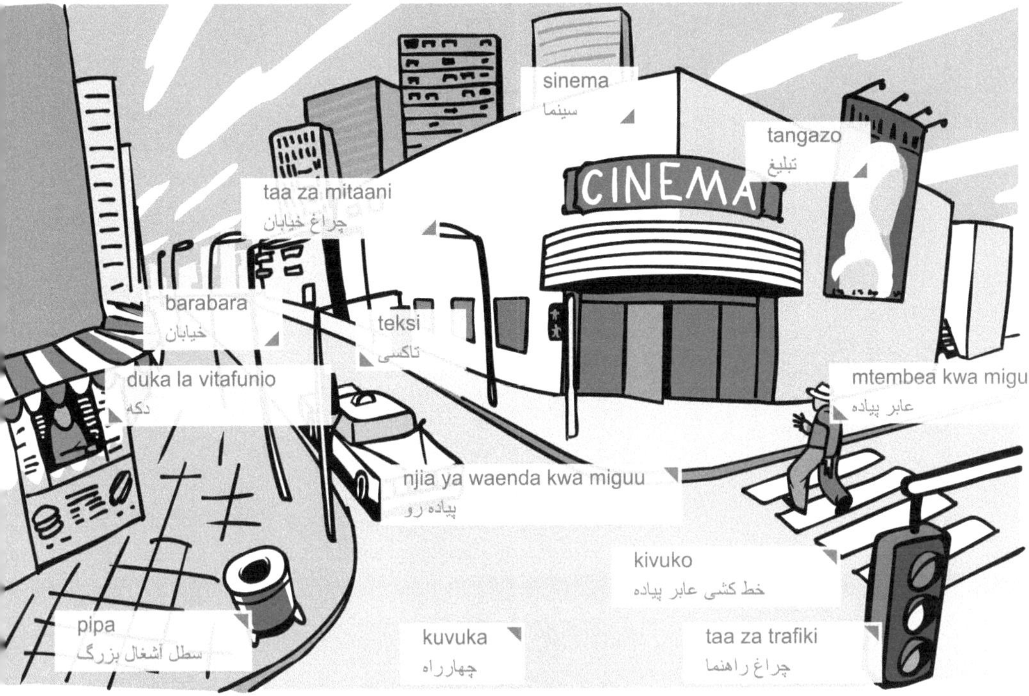
sinema
سینما
tangazo
تبلیغ
CINEMA
taa za mitaani
چراغ خیابان
barabara
خیابان
teksi
تاکسی
duka la vitafunio
دکه
mtembea kwa miguu
عابر پیاده
njia ya waenda kwa miguu
پیاده رو
kivuko
خط کشی عابر پیاده
pipa
سطل آشغال بزرگ
kuvuka
چهارراه
taa za trafiki
چراغ راهنما

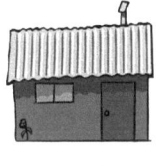

kibanda

کلبه

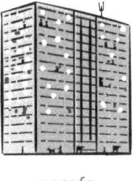

gorofa

آپارتمان

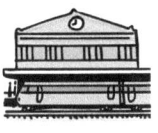

kituo cha treni

ایستگاه قطار

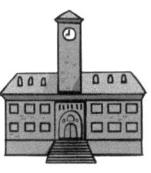

ukumbi wa mji

ساختمان شهرداری

MUSEUM

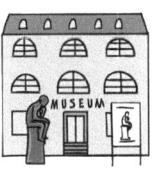

Makavazi

موزه

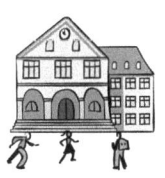

shule

مدرسه

chuo kikuu

دانشگاه

benki

بانک

hospitali

بیمارستان

hoteli

هتل

duka la dawa

داروخانه

ofisi

اداره

duka la kitabu

کتابفروشی

duka

مغازه

duka la maua

گل فروشی

dukakuu

سوپرمارکت

soko

بازار

idara ya kuhifadhi

فروشگاه بزرگ

mwuza samaki

ماهی فروش

kituo cha ununuzi

مرکز خرید

bandari

بندر

jiji - شهر

Hifadhi

پارک

benki

نیمکت

daraja

پل

vidato

پله

chini ya ardhi

مترو

handaki

تونل

kituo cha mabasi

ایستگاه اتوبوس

bar

میخانه

mgahawa

رستوران

sanduku la posta

صندوق پست

ishara ya barabara

تابلوی خیابان

mita ya maegesho

دستگاه پارکومتر

bustani ya wanyama

باغ وحش

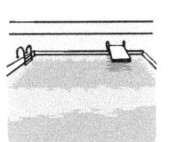

kidimbwi cha kuogelea

استخر شنای عمومی

msikiti

مسجد

shamba

مزرعه

uchafuzi

آلودگی محیط زیست

makaburini

قبرستان

kanisa

کلیسا

uwanja wa michezo

زمین بازی

hekalu

معبد

mazingira

چشم انداز

jani
برگ

ishara ya mwelekeo
تابلوی راهنمای مسیر

njia
راه

malisho
چمنزار

jiwe
سنگ

mti
درخت

mtembeaji wa masafa
راه نورد

mto
رودخانه

nyasi
چمن

ua
گل

bonde

درّه

kilima

تپّه

ziwa

دریاچه

msitu

جنگل

jangwa

بیابان

volkano

کوه اتشفشان

ngome

قلعه

upinde wa mvua

رنگین کمان

uyoga

قارچ

mtende

درخت نخل

mbu

پشه

kuruka

مگس

chungu

مورچه

nyuki

زنبور

buibui

عنکبوت

mende

سوسک

chura

قورباغه

kuchakuro

سنجاب

nungunungu

جوجه تیغی

sungura

خرگوش صحرایی

bundi

جغد

ndege

پرنده

swan

قو

nguruwe mwitu

گراز

kulungu

گوزن نر

aina ya kongoni

گوزن شمالی

bwawa

سد آب

tabo ya upepo

توربین بادی

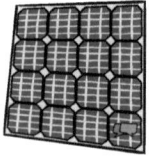

nishaji ya jua

صفحه ی خورشیدی

hali ya hewa

آب و هوا

mgahawa

رستوران

mhudumu
پیشخدمت رستوران
menyu
منوی غذا
kiti
صندلی
supu
سوپ
piza
پیتزا
vilia
سرویس کارد و قاشق و چنگال
kitambaa cha mezani
رومیزی

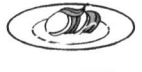

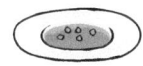

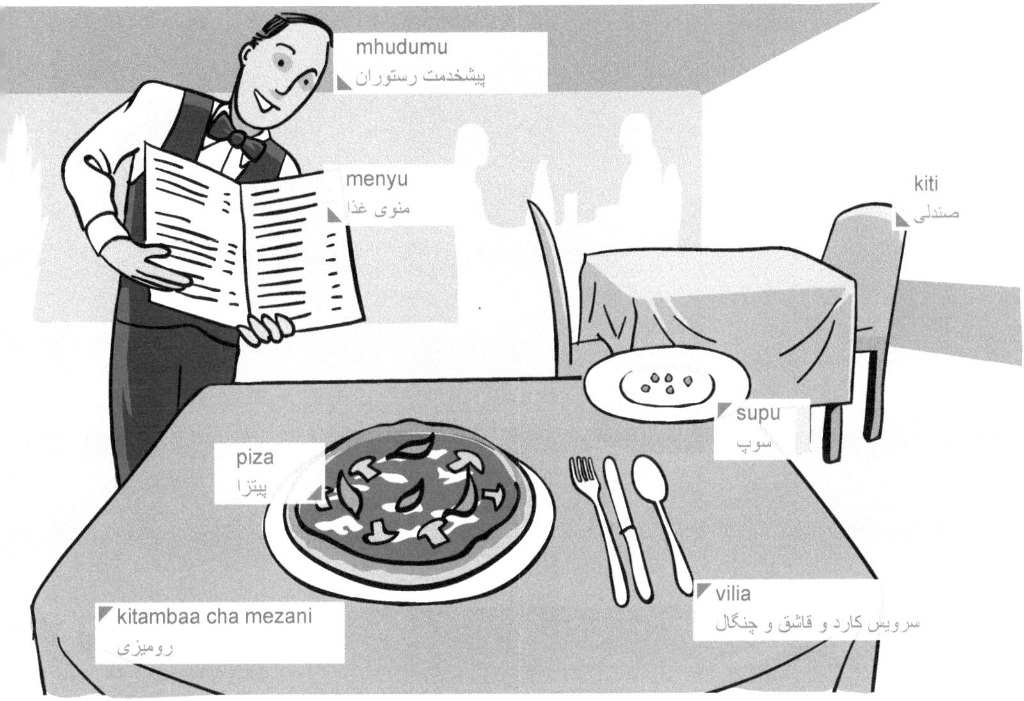

kiamsha hamu

پیش‌غذا

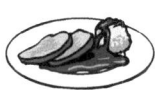

kozi kuu

غذای اصلی

kitindamlo

دسر

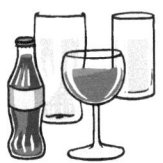

vinywaji

نوشیدنی ها

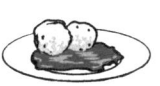

chakula

غذا

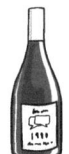

chupa

بطری

chakula cha haraka

فست فود

Streetfood

اغذیه خیابانی

buli

قوری

kisanduku cha sukari

قندان

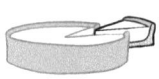

sehemu

پُرس غذا

mashine ya espresso

دستگاه اسپرسو

kiti kirefu

صندلی پایه بلند غذاخوری بچه

muswada

صورتحساب

trei

سینی

kisu

چاقو

uma

چنگال

kijiko

قاشق

kijiko cha chai

قاشق چایخوری

nepi

دستمال سفره

glasi

لیوان

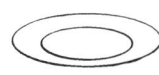

sahani

بشقاب

sahani ya supu

بشقاب سوپخوری

sufuria

تعلبکی

mchuzi

سس

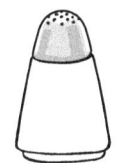

kichanyaji chumvi

نمکدان

kinu cha pilipili

فلفل ساب

siki

سرکه

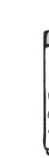

mafuta

روغن خوراکی

viungo

ادویه جات

kechapu

سس کچاپ

haradali

سس خردل

kachumbari nzito

سس مایونز

dukakuu

سوپرمارکت

ofa maalum
پیشنهاد ویژه
FOR
mteja
مشتری
maziwa
لبنیات
matunda
میوه جات
toroli
چرخ دستی خرید

BUTCHERS

mchinjaji

قصابی

BAKERY

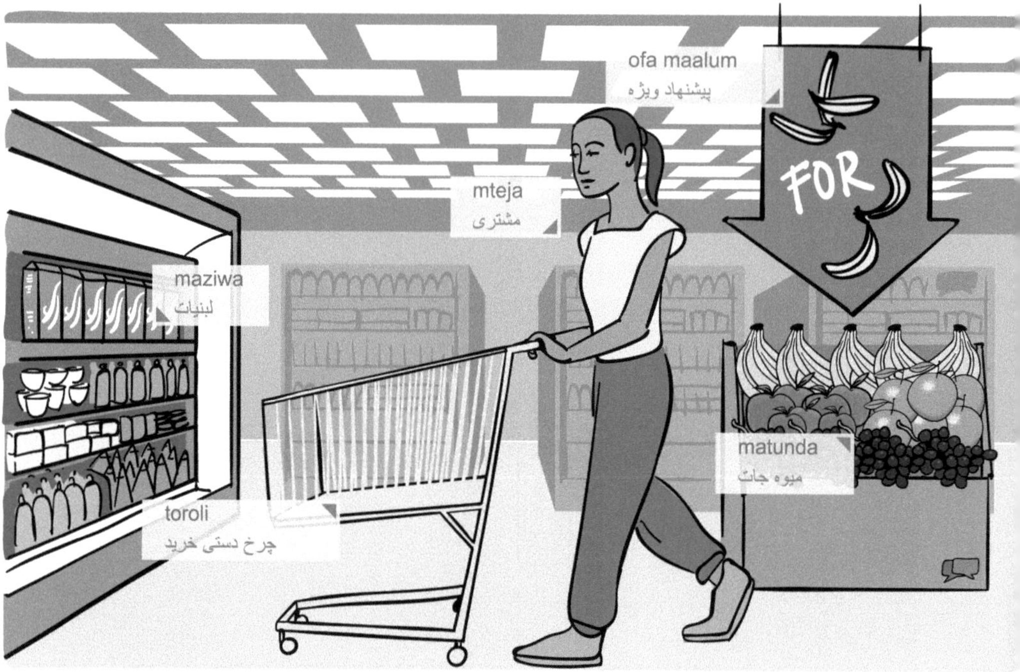

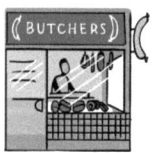

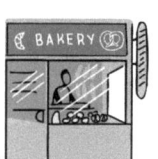

mwokaji

نانوایی

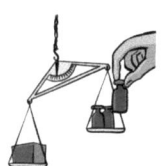

uzito

وزن کردن

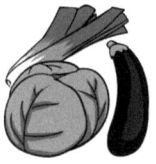

mboga

سبزیجات

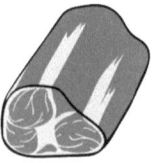

nyama

گوشت

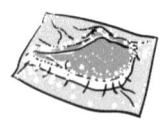

chakula waliohifadhiwa

غذای منجمد

vipande vya nyama baridi

مخلوطی از انواع کالباس یا پنیر که ورقه ای بریده شده باشند

chakula cha kopo

غذای کنسروی

sabuni ya unga

پودر لباسشویی

pipi

شیرینی جات

bidhaa za kaya

لوازم خانگی

bidhaa za kusafisha

ماده شوینده و پاک کننده

mtu mauzo

فروشنده

mpaka

صندوق پرداخت

keshia

صندوقدار

orodha ya manunuzi

لیست خرید

masaa ya ufunguzi

ساعات کار

mkoba

کیف پول

kadi

کارت اعتباری

mfuko

کیف

mfuko wa plastiki

کیسه ی پلاستیکی

maji

آب

sharubati

آبمیوه

maziwa

شیر

coke

نوشابه کوکاکولا

mvinyo

شراب

bia

آبجو

pombe

الکل

kakao

کاکائو

chai

چای

kahawa

قهوه

spreso

قهوه اسپرسو

kapuchino

کاپوچینو

ndizi

موز

tufaha

سيب

machungwa

پرتقال

tikiti

انواع هندوانه و خربزه

lemon

ليمو

karoti

هويج

kitunguu saumu

سير

mianzi

نى بامبو

kitunguu

پياز

uyoga

قارچ

karanga

اجيل

nudo

ماكارونى

spageti

اسپاگتی

mpunga

برنج

saladi

سالاد

vibanzi

سیب زمینی سرخ کرده

viazi vya kukaanga

سیب زمینی سرخ شده

piza

پیتزا

hambaga

همبرگر

sandwichi

ساندویچ

kipande

شنیتسل

paja la mnyama

ژامبون خوک

salami

سالامی

soseji

سوسیس

kuku

مرغ

choma

نوعی گوشت سرخ شده

samaki

ماهی

oats ya uji

جوی پرک شده

muesli

نوعی صبحانه مخلوطی از برگه ذرت و میوه های خشک شده و خشکبار که معمولا با شیر خورده می شود

cornflakes

کورنفلکس

unga

ارد

kroisanti

کرواسان

andazi

نان برونشن

mkate

نان

mkate wa kubanika

نان تست

biskuti

بیسکویت

siagi

کره

maziwa mgando

کشک

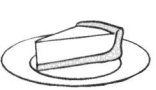

keki

کیک

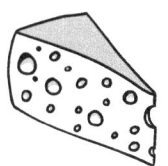

yai

تخم مرغ

yai kukaanga

تخم مرغ نیمرو

jibini

پنیر

chakula - غذا

25

aiskrimu

بستنی

sukari

شکر

asali

عسل

jemu

مربا

kuenea kwa chokoleti

کرم شکلاتی بادامی

mchuzi wa viungo

ادویه کاری

shamba
مزرعه

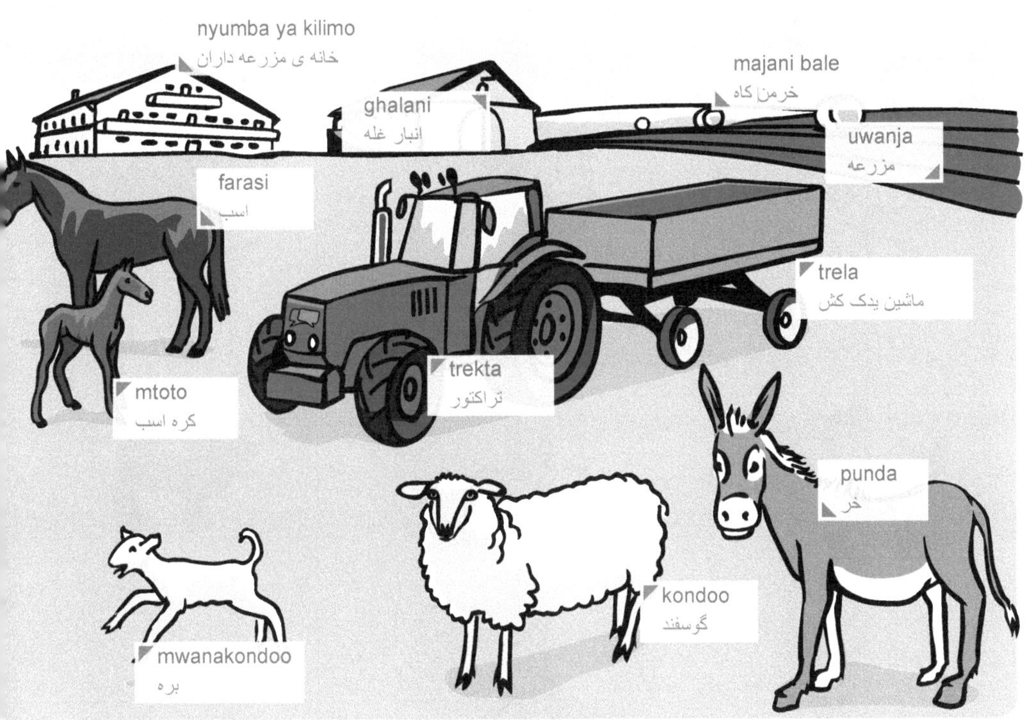
nyumba ya kilimo
خانه ی مزرعه داران
ghalani
انبار غله
majani bale
خرمن گاه
uwanja
مزرعه
farasi
اسب
trela
ماشین یدک کش
trekta
تراکتور
mtoto
کره اسب
punda
خر
kondoo
گوسفند
mwanakondoo
بره

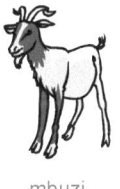

mbuzi
بز

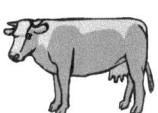

ng'ombe
گاو ماده

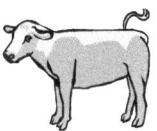

ndama
گوساله

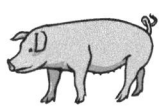

nguruwe
خوک

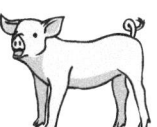

mwananguruwe
بچه خوک

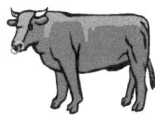

fahali
گاو نر

batabukini

غاز

bata

اردک

kifaranga

جوجه

kuku

مرغ

jogoo

خروس

panya

موش صحرایی

paka

گربه

panya

موش

ng'ombe

گاو نر اخته

mbwa

سگ

nyumba ya mbwa

لانه ی سگ

bomba la bustani

شلنگ باغبانی

debe la kumwagilia maji

آبپاش

fyekeo

داس دسته بلند

kulima

گاوآهن

mundu

داس

jembe

کج بیل

uma wa nyasi

چنگک باغبانی

shoka

تبر

toroli

فرقون

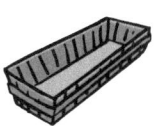

kupitia nyimbo

آبشخور

chombo cha maziwa

بطری نگهداری شیر

gunia

کیسه

ua

حصار

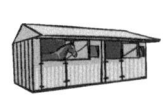

imara

اصطبل

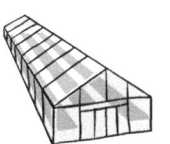

chafu

گلخانه

udongo

خاک

mbegu

بذر

mbolea

کود

kivunaji

ماشین کمباین

mavuno

برداشت کردن محصول

mavuno

محصول

viazi vikuu

تمیس

ngano

گندم

soya

سویا

viazi

سیب زمینی

mahindi

ذرت

rapa

کلزا

mti wa matunda

درخت میوه

muhogo

گیاه مانیوک

nafaka

غلات

nyumba
خانه

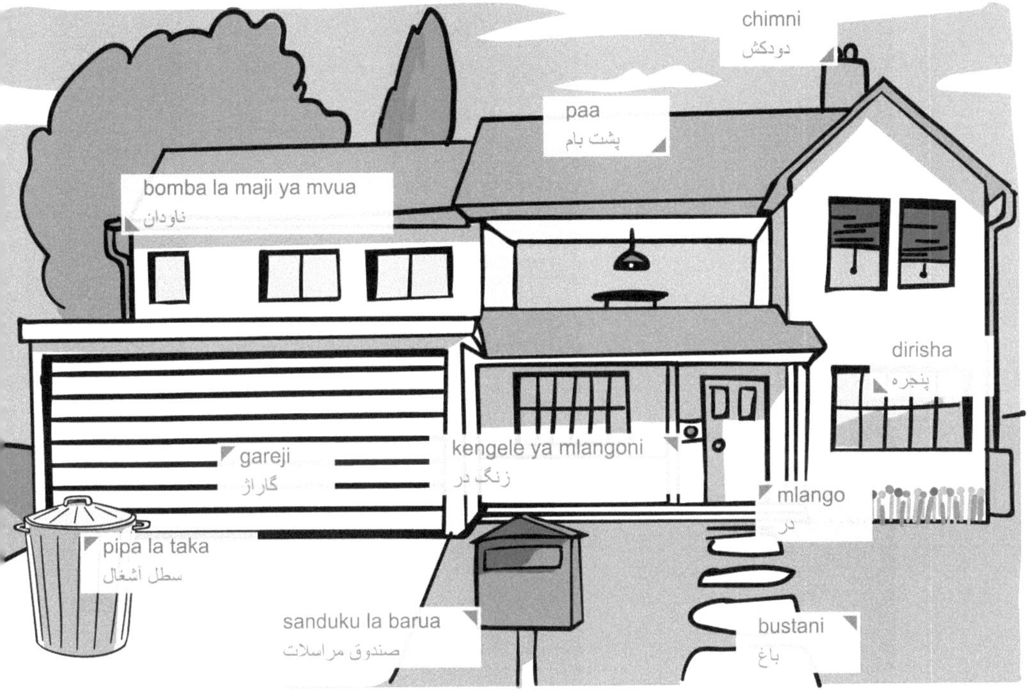
chimni
دودکش
paa
پشت بام
bomba la maji ya mvua
ناودان
dirisha
پنجره
gareji
گاراژ
kengele ya mlangoni
زنگ در
mlango
در
pipa la taka
سطل آشغال
sanduku la barua
صندوق مراسلات
bustani
باغ

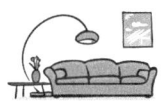

sebuleni

اتاق نشیمن

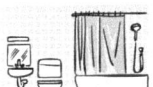

bafu

حمام

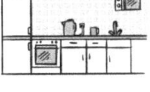

jikoni

اشپزخانه

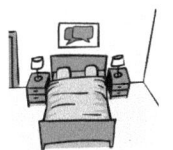

chumba cha kulala

اتاق خواب

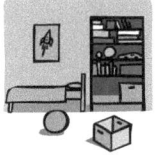

chumba ya mtoto

اتاق بچه

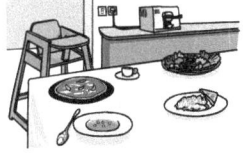

chumba cha kulia

ناهارخوری

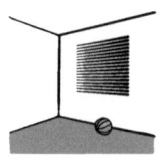

sakafu

كف زمين

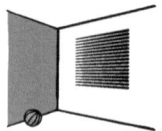

ukuta

ديوار

dari

سقف

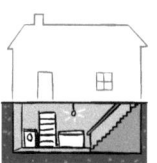

pishi

زيرزمين

sauna

سونا

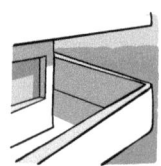

roshani

بالكن

mtaro

تراس

kidimbwi

استخر

mashine ya kukata nyasi

ماشين چمن‌زنی

karatasi

ملافه

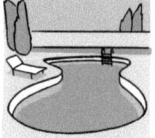

kitambaa cha kupamba
kitanda

روتختی

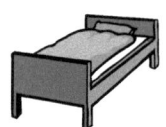

kitanda

تخت خواب

ufagio

جارو

ndoo

سطل

kubadili

سويچ يا كليد

sebuleni
اتاق نشیمن

mandhari
کاغذ دیواری
picha
عکس
rafu
قفسه
mekoni
شومینه
ua
گل
chombo cha maua
گلدان
televisheni/runinga
تلویزیون
kabati
کابینت
taa
لامپ
mto
کوسن
sofa
کاناپه
kitenzambali
کنترل تلویزیون و ویدئو و غیره

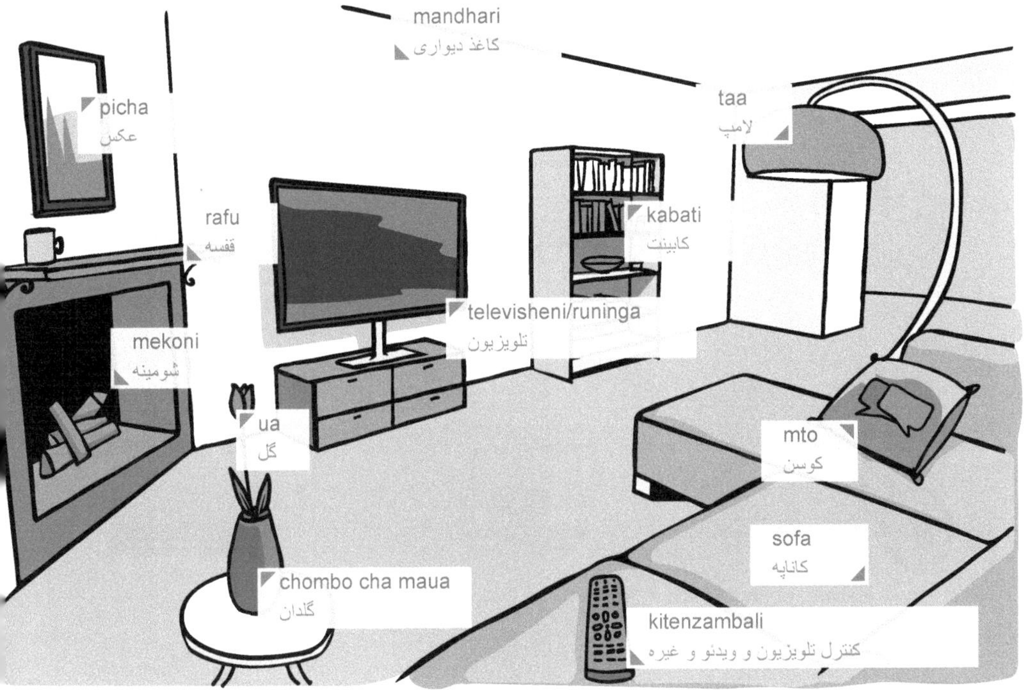

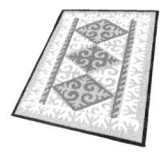

zulia

فرش

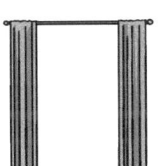

pazia

پرده

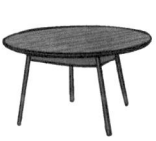

meza

میز

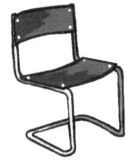

kiti

صندلی

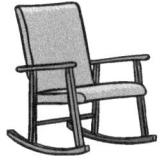

kiti cha bembea

صندلی گهواره ایی

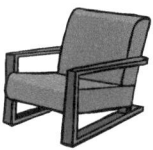

armchair

صندلی راحتی

kitabu

كتاب

blanketi

لحاف

mapambo

دكوراسيون

kuni

هيزم

filamu

فيلم

kifaa cha hi-fi

دستگاه ضبط صوت

ufunguo

كليد

gazeti

روزنامه

uchoraji

تابلو نقاشى

bango

پوستر

redio

راديو

daftari

دفترچه يادداشت

kifyonza

جاروبرقى

dungusi kakati

كاكتوس

mshumaa

شمع

jikoni
آشپزخانه

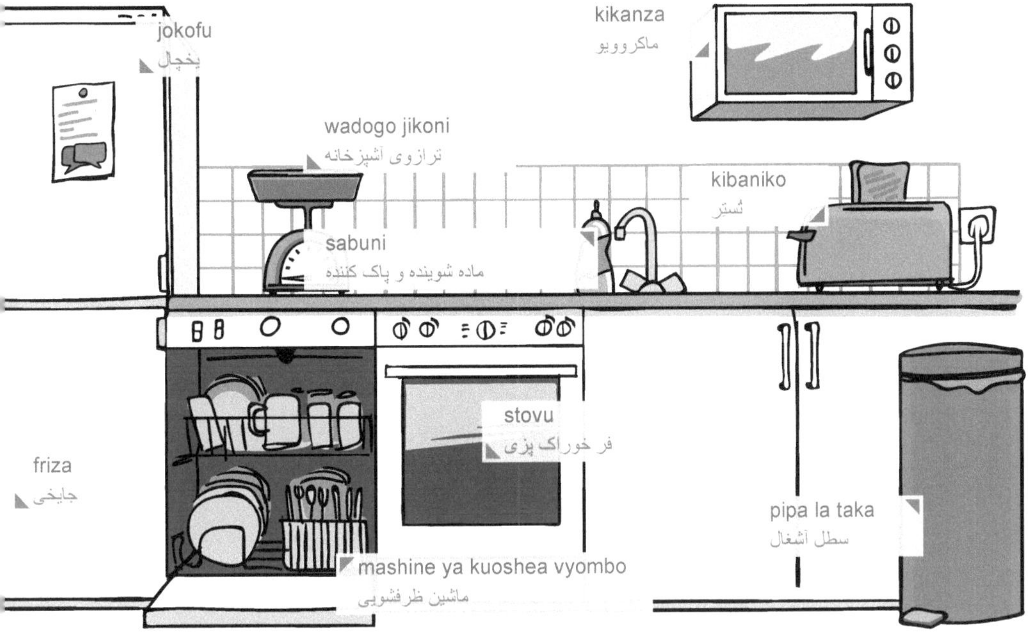
jokofu
یخچال
kikanza
ماکروویو
wadogo jikoni
ترازوی آشپزخانه
kibaniko
تُستر
sabuni
ماده شوینده و پاک کننده
stovu
فر خوراک پزی
friza
جایخی
pipa la taka
سطل آشغال
mashine ya kuoshea vyombo
ماشین ظرفشویی

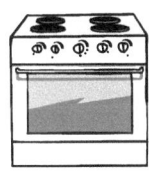

jiko la kupika

اجاق گاز

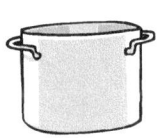

chungu

قابلمه

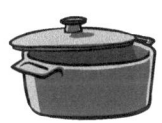

sufuria ya chuma

قابلمه چدنی

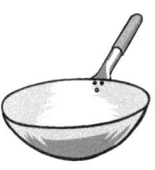

wok / kadai

ماهی تابه گود

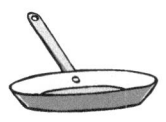

kaango

ماهی تابه

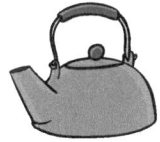

birika

کتری

stima

بخارپز

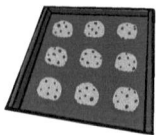

sinia ya kuoka

سینی فر

vyombo vya udongo

ظرف چینی آشپزخانه

kombe

لیوان

bakuli

کاسه

vijiti vya kulia

چاپستیک

ukawa

ملاقه

mwiko mpana

کفگیر

burashi

همزن

kichujio

آبکش

chujio

آبکش

mbuzi

رنده

chokaa

هاون

barbeque

باربیکیو

moto wazi

محل مخصوص افروختن آتش

ubao wa majaribio

تخته گوشت و سبزی

kijiti cha kusukuma unga

وردنه

kizibuo

در بطری بازکن

kopo

قوطی

inaweza kopo

در قوطی بازکن

kishikio cha chungu

دستگیره پارچه ای

karo

سینک ظرفشویی

brashi

برس گردگیری

sifongo

اسفنج

kisagaji matunda

مخلوط کن

friji ya kina

فریزر

chupa ya mtoto

شیشه شیر بچه

bomba

شیر آب

bafu

حمام

joto
بخاری
mfereji wa kuogea
دوش
taulo
حوله
pazia la kuogea
پرده ی حمام
maji ya kuoga yenye povu
حمام کف
hodhi
وان حمام
glasi
لیوان
mashine ya kuosha
ماشین لباسشویی
bomba
شیر آب
vigae
کاشی
poti
لگن دستشویی کودکان
karo
سینک ظرفشویی

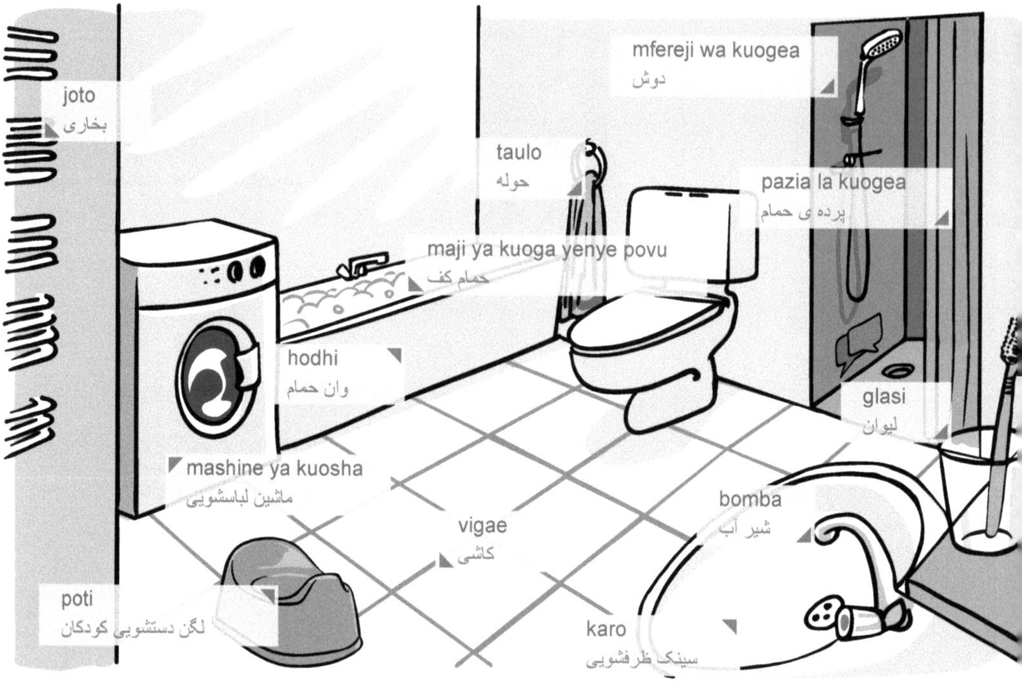

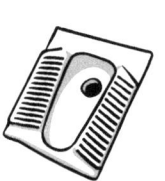

choo

توالت

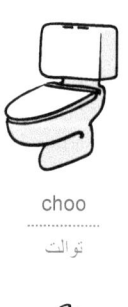

choo cha squat

توالت ایرانی

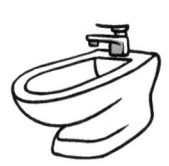

beseni la mviringo

کاسه توالت

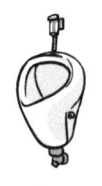

choo cha umma

توالت مخصوص آقایان

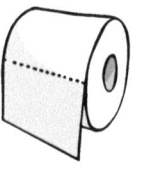

shashi

دستمال توالت

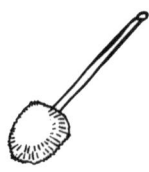

brashi ya choo

فرچه توالت

mswaki

مسواک

dawa ya meno

خمیردندان

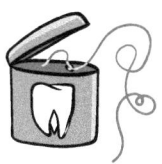

dawa ya meno

نخ دندان

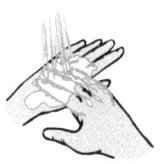

safisha

شستن

kuoga mkono

دوش آب تلفنی

msukumo wa maji

شلنگ توالت

bonde

لگن روشویی

mpako wa pili

برس شست و شوی پشت

sabuni

صابون

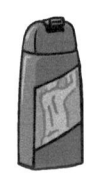

jeli ya kuogea

شامپو بدن

shampuu

شامپو

flana

لیف حمام

toa maji

راه آب

krimu

کرم

kiondoa harufu

اسپری دئودورانت

kioo

آیینه

kioo mkono

آیینه ی کوچک دستی

kinyozi

تیغ ریش تراشی

povu la kunyoa

کف ریش تراشی

baada ya kunyoa

آفترشیو

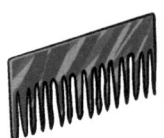

kichana

شانه ی سر

brashi

برس

kikausha nywele

سشوار

marashi ya nyewele

اسپری مو

vipodozi

آرایش

kidomwa

رژلب

varnish ya msumari

لاک ناخن

pamba

پنبه

mkasi wa kucha

قیچی ناخن

manukato

عطر

mkoba wa kuosha

کیف لوازم ارایشی و بهداشتی

kinyesi

چهارپایه

mizani

ترازو

nguo ya kuoga

حوله ی پالتویی

glavu za mpira

دستکش ظرفشویی

kisodo

تامپون

sodo

نوار بهداشتی

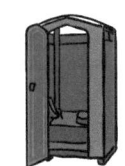

kemikali choo

توالت سیار

chumba ya mtoto

اتاق بچه

saa ya kengele
ساعت زنگدار
kidoli cha kupakata
نوعی عروسک نرم به شکل حیوانات
gari bandia
ماشین اسباب بازی
kelele
جغجغه
chumba cha midoli
خانه ی عروسکی
sasa
کادو

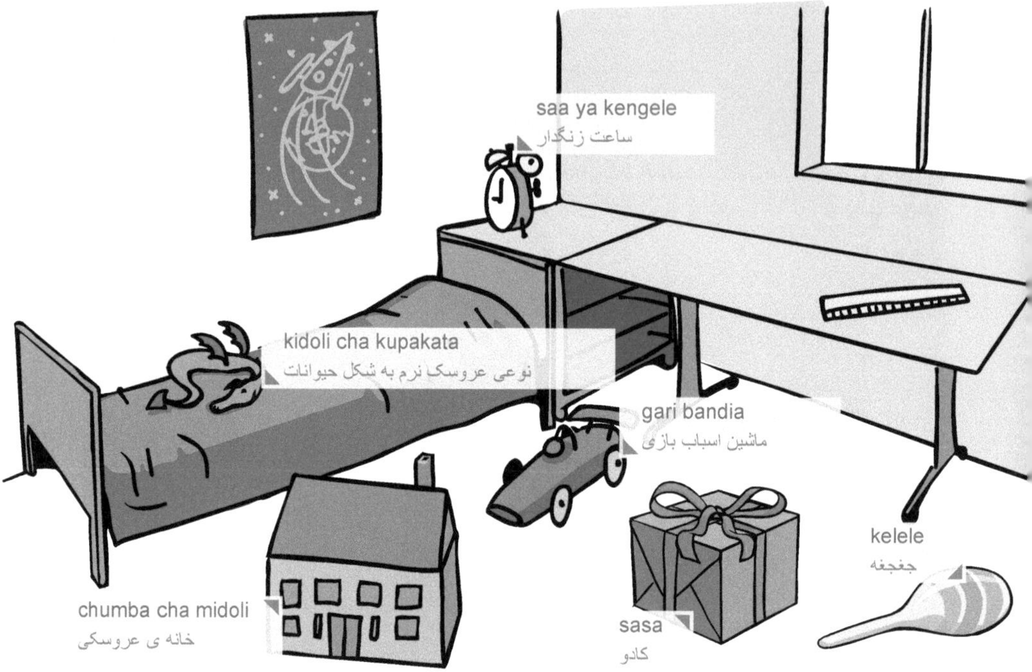

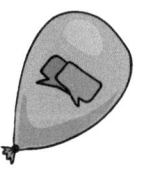

baluni

بادکنک

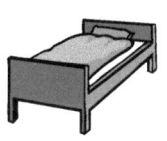

kitanda

تخت خواب

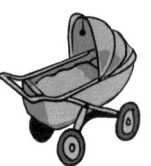

mashua

کالسکه بچه

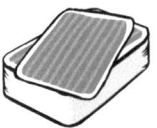

staha ya kadi

بازی ورق

mchezo-fumb

پازل

SUPER
MEGA

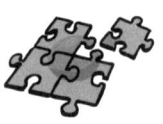

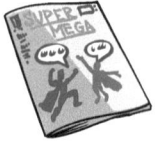

vichekesho

داستان مصور

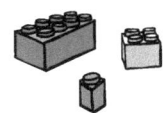

matofali lego

اسباب بازی لگو

vitalu mwigo

خانه سازی

hatua takwimu

عروسک شخصیت های فیلم و کارتون

suti ya kulalia

لباس نوزاد

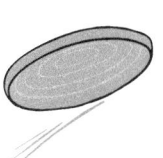

kisahani

فریزبی

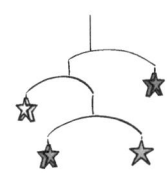

simu

نوعی اسباب بازی که روی تخت نوزاد
یا کودک نصب می شود

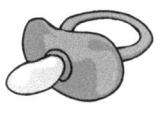

ubao wa michezo

بازی روی صفحه

kete

تاس

garimoshi mwigo

قطار اسباب بازی

dummy

پستانک

chama

مهمانی

picha kitabu

کتاب مصور

mpira

توپ

kikaragosi

عروسک

kucheza

بازی کردن

shimo la mchanga

جعبه شنی مخصوص بازی کودکان

bembea

تاب

vitu bandia

اسباب بازی

kiweko cha video ya mchezo

کنسول بازی های کامپیوتری

baiskeli ya magurudumu

سه چرخه

matatu

mwanasesere

خرس عروسکی

kabati

کمد لباس

nguo

لباس

soksi

جوراب

stokingi

جوراب زنانه ساق بلند

kibano

جوراب شلواری

skafu
شال

ukanda
کمربند

mwavuli
چتر

fulana
تی شرت

viatu
پوتین

wakufunzi
کفش ورزشی کتانی

ndara
دمپایی

malapa
....
صندل

viatu
....
کفش

mabuti ya mpira
....
چکمه پلاستیکی

suruali ya ndani
....
شرت

sidiria
....
سوتین

fulana
....
جلیقه

mwili

پادی

suruali

شلوار

dangirizi

جین

sketi

دامن

blauzi

بلوز

shati

پیراهن

vuta

پولیور

sweta

سویی شرت

bleza

نوعی کت

jaketi

ژاکت

koti

کت بلند

koti la mvua

بارانی

maleba

لباس نمایش

gauni

لباس

mavazi ya harusi

لباس عروس

suti

كت و شلوار

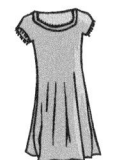

vazi la usiku

لباس خواب زنانه

pajama

پیژامه

sari

ساری

skafu

روسری

kilemba

عمامه

burka

برقع

kaftan

قبا

abaya

عبا

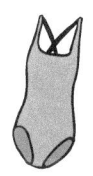

vazi la kuogelea

لباس شنا

vazi la kiume la kuogelea

شرت شنا

kaptura

شلوارک

teitei

لباس ورزشی

aproni

پیشبند

glavu

دستکش

kifungo

دکمه

glasi

عینک

bangili

دستبند

mkufu

گردنبند

pete

انگشتر

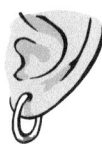

herini

گوشواره

kofia

کلاه لبه دار

kiango cha koti

چوب لباسی

kofia

کلاه

tai

کراوات

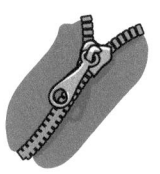

zipu

زیپ

kofia

کلاه ایمنی

kanda za suruali

بند شلوار

sare za shule

لباس مدرسه

sare

لباس فرم

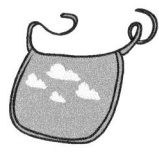

bibu

پیش بند بچه

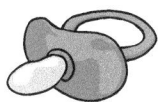

dummy

پستانک

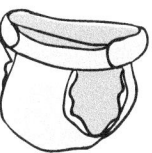

nepi

پوشک بچه

ofisi

اداره

seva
سرور
kabati la kuweka faili
کمد نگهداری پرونده
karatasi
کاغذ
kichapishaji
چاپگر
kiwambo
مانیتور
kipanya
ماوس
dawati
میز تحریر
folda
زونکن
kibodi
صفحه کلید
u cha kuweka karatasi chafu
سبد کاغ
kompyuta
کامپیوتر
kiti
صندلی

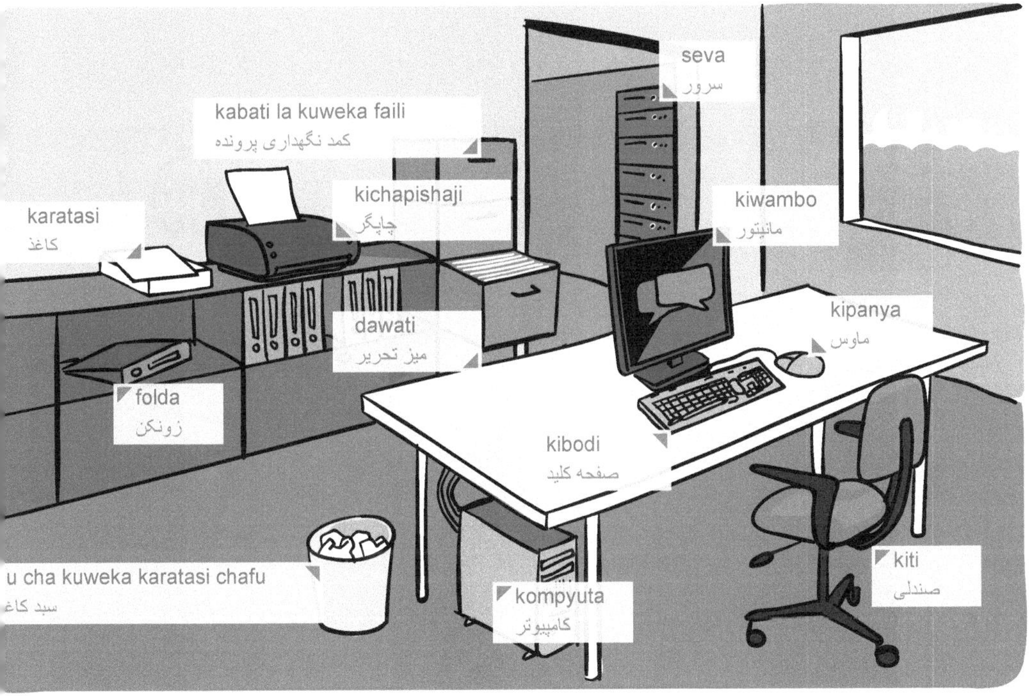

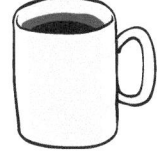

kmobe la kahawa

لیوان قهوه

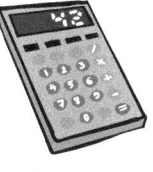

kikokotoo

ماشین حساب

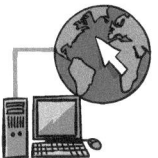

biashara

اینترنت

mbali

لپ تاپ

barua

نامه

ujumbe

پیغام

rununu

تلفن همراه

intaneti

شبکه ی ارتباطی

fotokopia

دستگاه فتوکپی

programu

نرم افزار

simu

تلفن

soketi

پریز

kipepesi

دستگاه فاکس

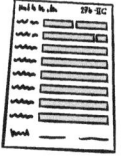

fomu

فرم

hati

مدرک

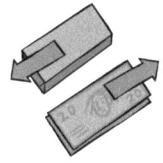

kununua

خریدن

kulipa

پرداخت کردن

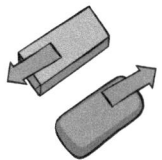

biashara

تجارت کردن

fedha

پول

dola

دلار

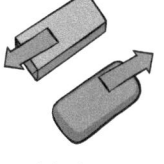

yuro

یورو

yeni

ین

rouble

روبل

faranga ya Uswisi

فرانک سوئیس

renminbi yuan

یوان رنمینبی

rupia

روپیه

eneo la kulipia

دستگاه خودپرداز

ofisi ya ubadilishanaji

صرافی

dhahabu

طلا

fedha

نقره

mafuta

نفت

nishati

انرژی

bei

قیمت

mkataba

قرارداد

kodi

مالیات

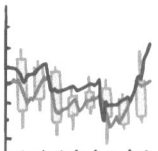

bidhaa

سهام سرمایه

kazi

کار کردن

mfanyakazi

کارمند

mwajiri

کارفرما

kiwanda

کارخانه

duka

مغازه

kazi
مشاغل

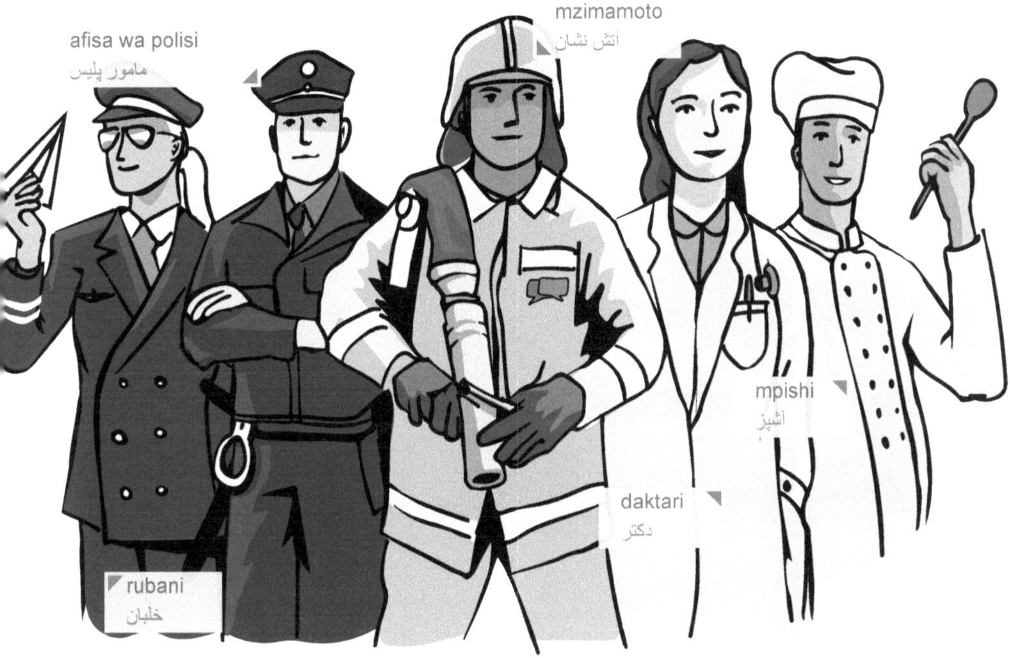
afisa wa polisi
مامور پلیس
mzimamoto
آتش نشان
mpishi
آشپز
daktari
دکتر
rubani
خلبان

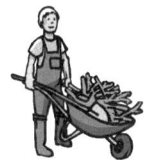

mtunza bustani

باغبان

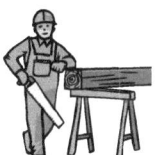

seremala

نجار

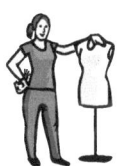

mshonaji

خیاط زنانه

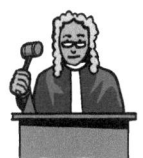

hakimu

قاضی

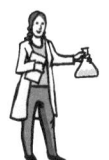

mwanakemia

شیمیدان

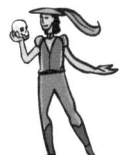

muigizaji

بازیگر

dereva wa basi

راننده اتوبوس

dereva wa teksi

راننده تاکسی

mvuvi

ماهیگیر

mwanamke wa kusafisha

نظافتچی زن

mwezekaji

سقف ساز

mhudumu

پیشخدمت رستوران

mwindaji

شکارچی

mchoraji

نقاش

mwokaji

نانوا

umeme

برقکار

mjenzi

کارگر ساختمانی

mhandisi

مهندس

mchinjaji

قصاب

fundi bomba

لوله کش

mwanaposta

پستچی

mwanajeshi

سرباز

msanifu majengo

معمار

keshia

صندوقدار

muuza maua

گل فروش

msusi

ارایشگر

kondakta

مامور کنترل بلیط در قطار

mekanika

مکانیک

nahodha

ناخدا

daktari wa meno

دندانپزشک

mwanasayansi

دانشمند

rabbi

عالم یهودی

imamu

امام

mtawa

راهب

kasisi

کشیش

zana
ابزارآلات

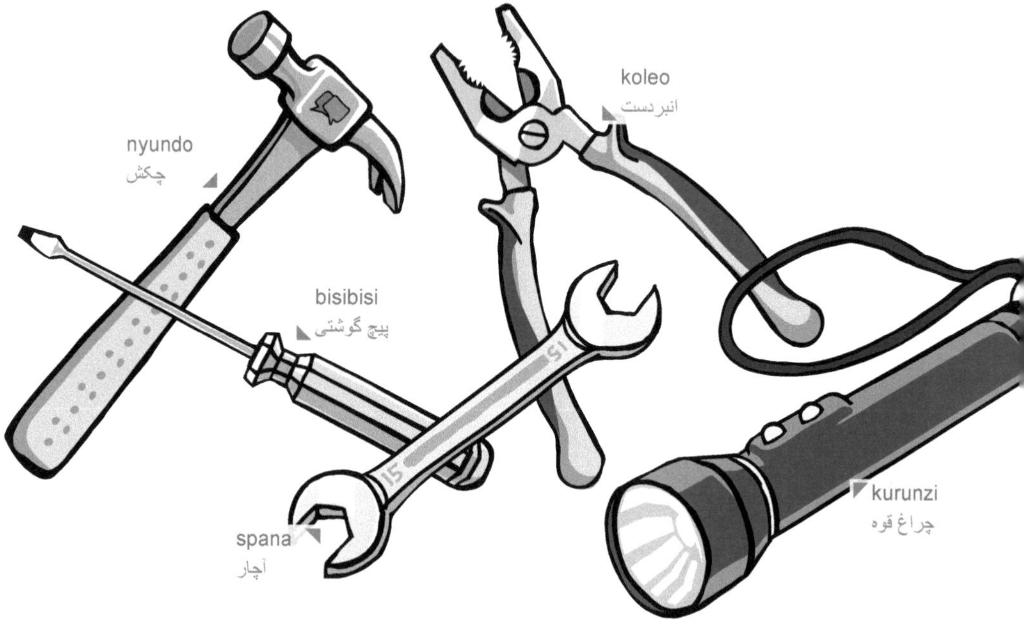

koleo
انبردست
nyundo
چکش
bisibisi
پیچ گوشتی
kurunzi
چراغ قوه
spana
آچار

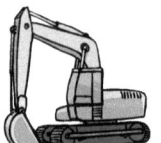

mchimbaji

بیل مکانیکی

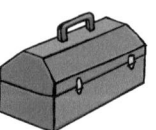

sanduku la vifaa

جعبه ابزار

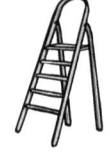

ngazi

نردبان

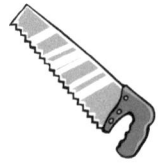

msumeno

ارّه

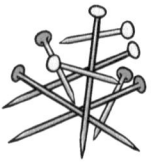

misumari

میخ

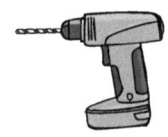

kuchimba visima

مته

kukarabati

تعمیر کردن

sepetu

بیل

Lo!

لعنتی!

kishikio cha uchafu

خاک انداز

chungu cha rangi

سطل رنگرزی

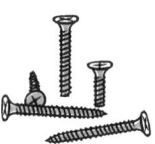

skurubu

پیچ

ala za muziki

آلات موسیقی

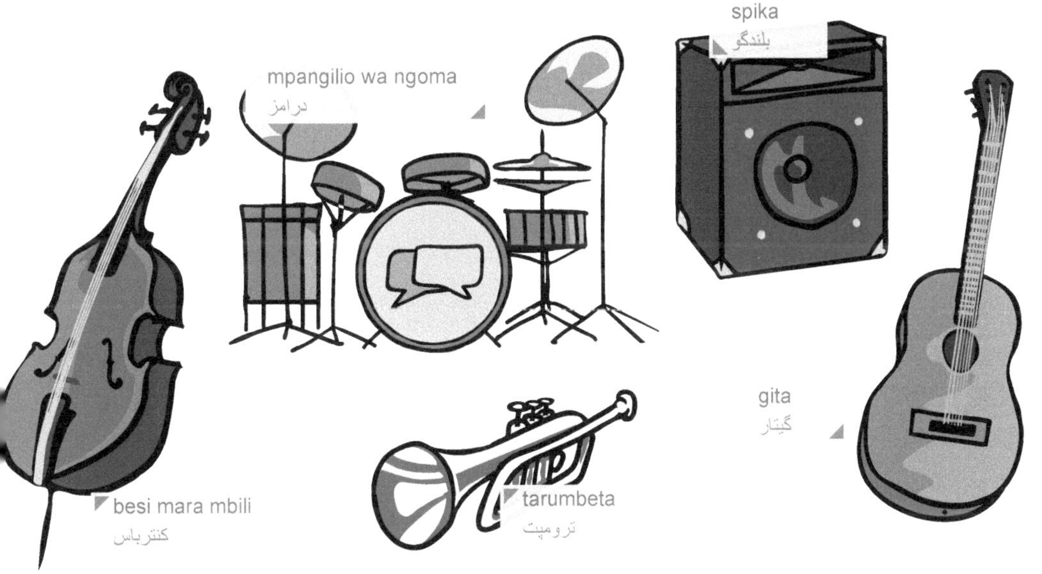

mpangilio wa ngoma

درامز

spika

بلندگو

gita

گیتار

besi mara mbili

کنترباس

tarumbeta

ترومپت

piano

پیانو

fidla

ویولن

ubeji

گیتار بیس

timpani

تیمپانی

ngoma

طبل

kibodi

کیبورد الکتریک

saksafoni

ساکسیفون

filimbi

فلوت

maikrofoni

میکروفون

bustani ya wanyama

باغ وحش

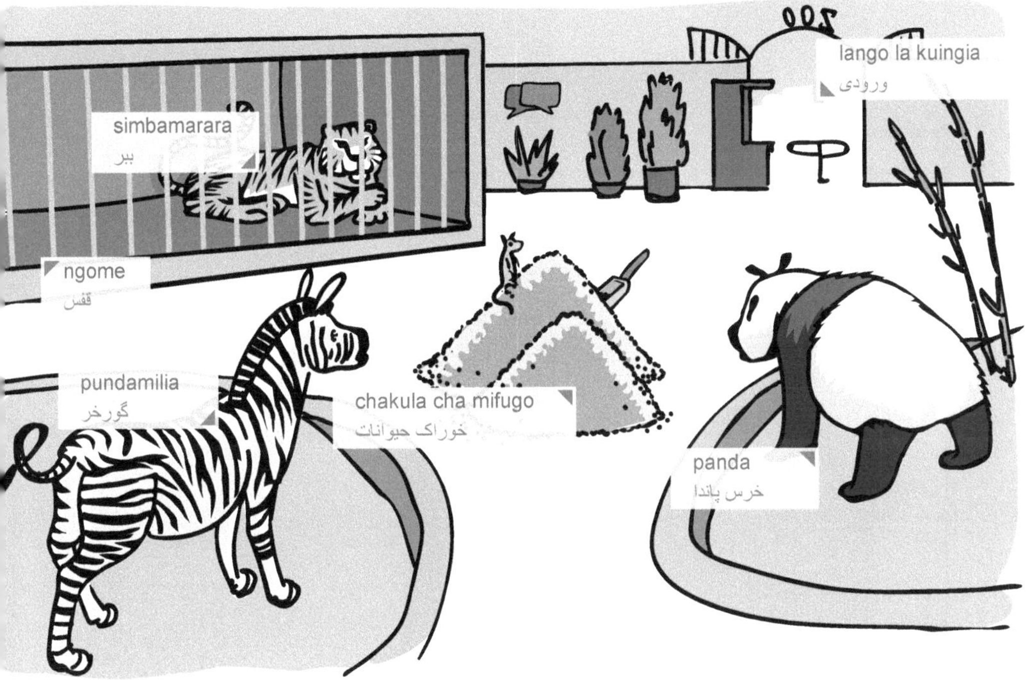
lango la kuingia
ورودی
simbamarara
ببر
ngome
قفس
pundamilia
گورخر
chakula cha mifugo
خوراک حیوانات
panda
خرس پاندا

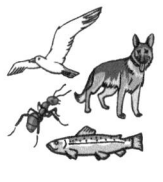

wanyama

حیوانات

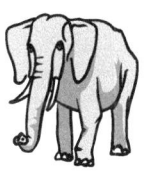

tembo

فیل

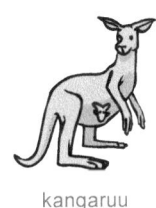

kangaruu

کانگورو

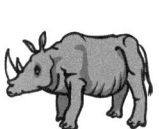

kifaru

کرگدن

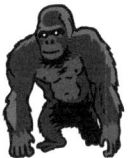

sokwe

گوریل

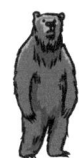

dubu

خرس

ngamia

شتر

mbuni

شترمرغ

simba

شیر

tumbili

میمون

heroe

فلامینگو

kasuku

طوطی

dubu

خرس قطبی

penguini

پنگوئن

papa

کوسه

tausi

طاووس

nyoka

مار

mamba

تمساح

mtunza wanyama

نگهبان باغ وحش

muhuri

خوک آبی

jaguar

پلنگ امریکایی

mwanafarasi

اسب کوچک

chui

پلنگ

kiboko

اسب آبی

twiga

زرافه

tai

عقاب

nguruwe mwitu

گراز

samaki

ماهی

kobe

لاک پشت

sili

شیرماهی

mbweha

روباه

paa

غزال

soka ya marekani
فوتبال آمریکایی

uendeshaji baiskeli
دوچرخه سواری

tenisi
تنیس

mpira wa kikapu
بسکتبال

kuogelea
شنا

ndondi
بوکس

magongo ya barafuni
هاکی روی یخ

soka
....
فوتبال

vinyoya
....
بدمینتون

riadha
....
دوومیدانی

mpira wa mikono
....
هندبال

skii
....
اسکی

polo
....
پولو

shughuli
فعاليت ها

cheka
خندیدن
kuruka
پریدن
kumbatia
بغل کردن
kutembea
راه رفتن
kuimba
آواز خواندن
ota ndoto
رؤیا دیدن
kuomba
دعا کردن
busu
بوسیدن

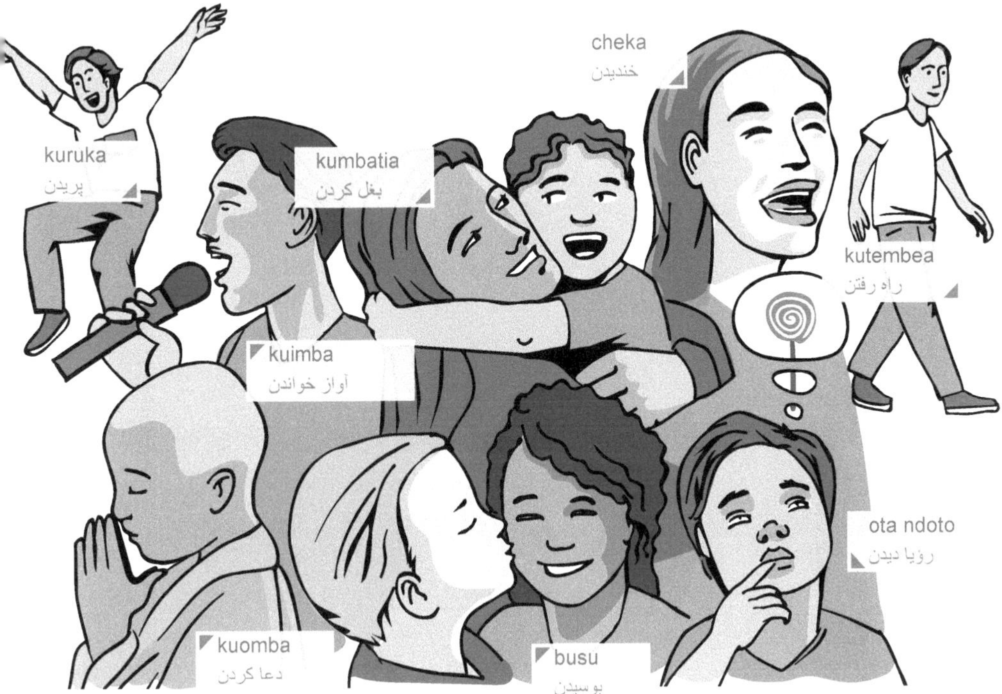

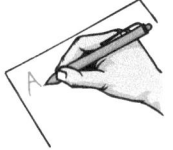

kuandika

نوشتن

kuteka

رسم کردن

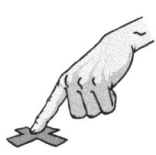

angalia

نشان دادن

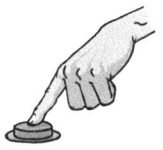

sukuma

هل دادن

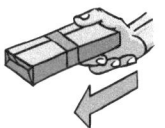

kutoa

دادن

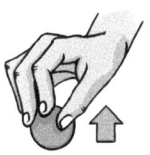

kuchukua

برداشتن

kuwa

داشتن

fanya

انجام دادن

kuwa

بودن

kusimama

ایستادن

kukimbia

دویدن

vuta

کشیدن

kutupa

پرتاب کردن

kuanguka

افتادن

hadaa

دراز کشیدن

kusubiri

منتظر بودن

kubeba

حمل کردن

kukaa

نشستن

vaa nguo

لباس پوشیدن

usingizi

خوابیدن

kuamka

بیدار شدن

kuangalia

تماشا کردن

lia

گریه کردن

kiharusi

نوازش کردن

chana nywele

شانه کردن

ongea

حرف زدن

kuelewa

فهمیدن

kuuliza

پرسیدن

kusikiliza

شنیدن

kunywa

آشامیدن

kula

خوردن

nadhifisha

مرتب کردن

upendo

عاشق بودن

mpishi

پختن

gari

رانندگی کردن

kuruka

پرواز کردن

meli

قایقرانی کردن

kokotoa

محاسبه کردن

kusoma

خواندن

kujifunza

یاد گرفتن

kazi

کار کردن

kuoa

ازدواج کردن

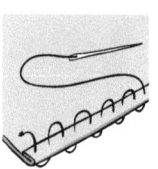

kushona

دوختن

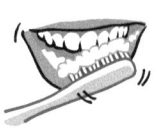

piga mswaki

مسواک زدن

kuua

کشتن

moshi

سیگار کشیدن

kutuma

فرستادن

familia
خانواده

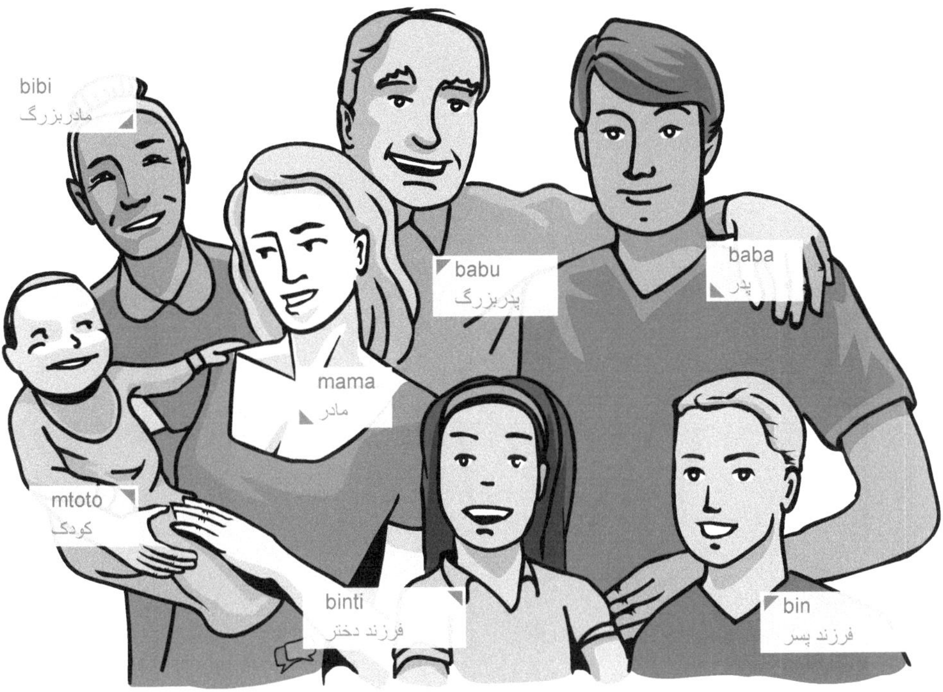
bibi
مادربزرگ
babu
پدربزرگ
baba
پدر
mama
مادر
mtoto
کودک
binti
فرزند دختر
bin
فرزند پسر

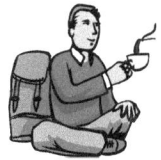

mgeni
....
مهمان

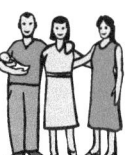

shangazi
....
خاله، عمه

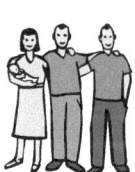

mjomba
....
دایی، عمو

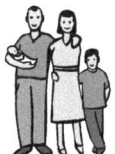

kaka
....
برادر

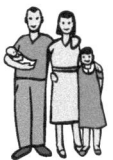

dada
....
خواهر

mwili

بدن

paji la uso
پیشانی
jicho
چشم
uso
صورت
kidevu
چانه
kidole
انگشت دست
mkono
دست
bega
شانه
matiti
سینه
mkono
بازو
mguu
ساق پا

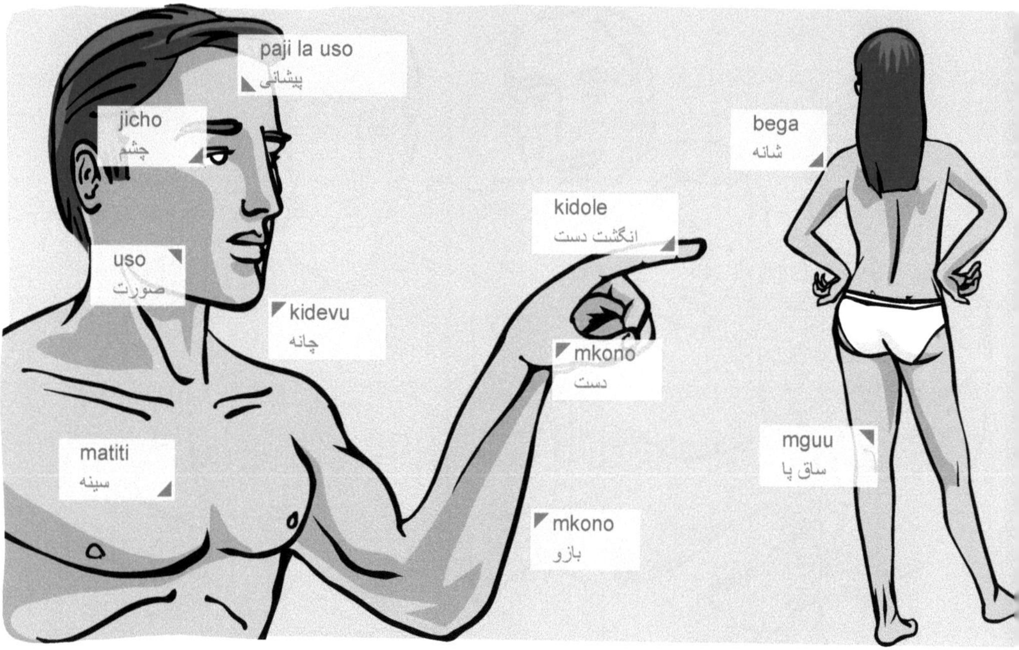

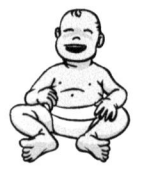

mtoto

کودک

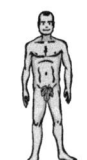

mwanamume

مرد

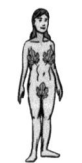

mwanamke

زن

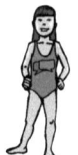

msichana

دختربچه

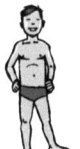

mvulana

پسربچه

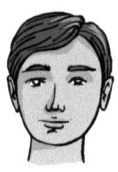

kichwa

کله

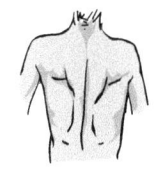

nyuma

کمر

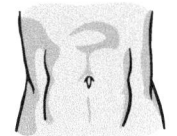

tumbo

شکم

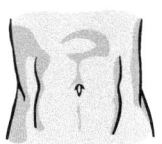

kitovu

ناف

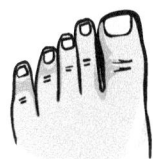

chano

انگشت پا

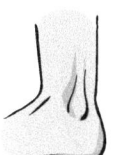

kisigino

پاشنه

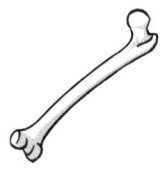

mfupa

استخوان

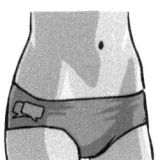

nyonga

لگن

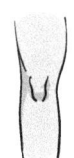

goti

زانو

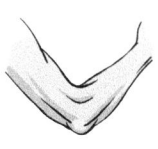

kiwiko

آرنج

pua

بینی

chini

نشیمنگاه

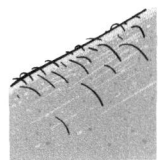

ngozi

پوست

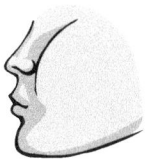

shavu

گونه

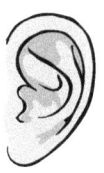

sikio

گوش

mdomo

لب

kinywa

دهان

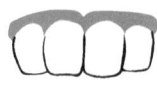

jino

دندان

ulimi

زبان

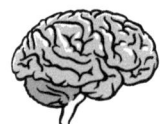

ubongo

مغز

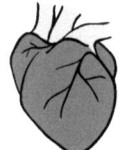

moyo

قلب

misuli

عضله

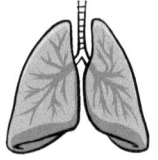

pafu

ریه

ini

کبد

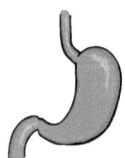

tumbo

معده

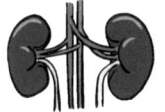

figo

کلیه

jinsia

آميزش جنسی

kondomu

کاندوم

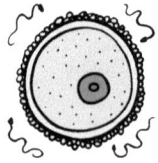

ovari

تخمک

shahawa

اسپرم

mimba

حاملگی

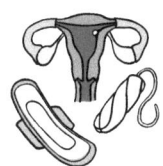

hedhi

پريود

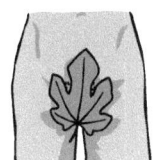

uke

واژن

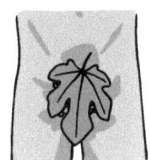

uume

الت تناسلی مرد

unyusi

ابرو

nywele

مو

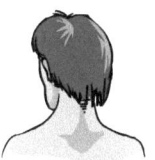

shingo

گردن

hospitali
بیمارستان

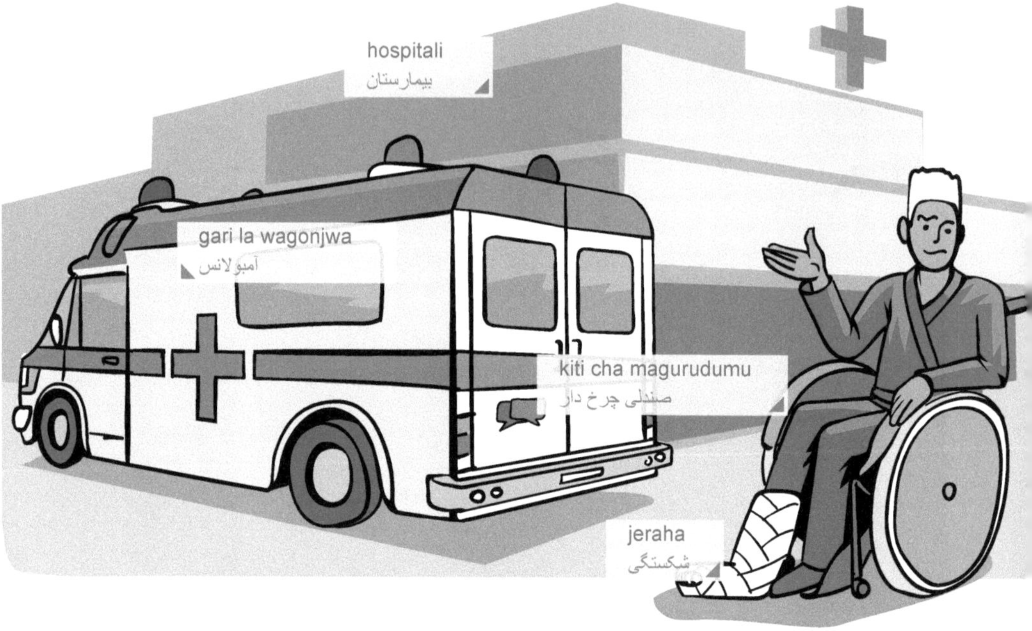

hospitali
بیمارستان
gari la wagonjwa
آمبولانس
kiti cha magurudumu
صندلی چرخ دار
jeraha
شکستگی

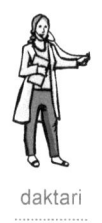

daktari

دکتر

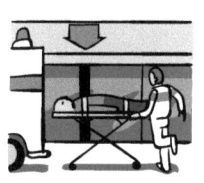

chumba cha dharura

بخش اورژانس

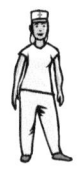

muuguzi

پرستار

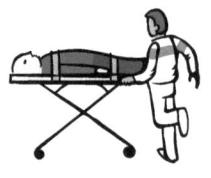

dharura

موقعیت اضطراری

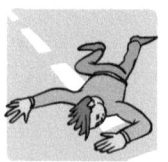

kupoteza fahamu

بی هوش

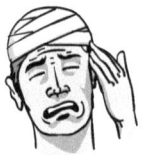

maumivu

درد

kuumia

مصدومیت

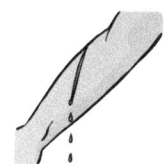

kutokwa na damu

خونریزی

mshtuko wa moyo

سکته قلبی

kiharusi

سکته مغزی

mzio

الرژی

kikohozi

سرفه

homa

تب

mafua

انفولانزا

kuharisha

اسهال

maumivu ya kichwa

سردرد

kansa

سرطان

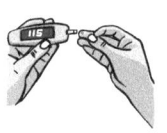

ugonjwa wa kisukari

دیابت

daktari mpasuaji

جراح

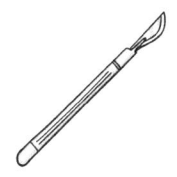

kisu kidogo cha kupasulia

چاقوی جراحی

operesheni

عمل جراحی

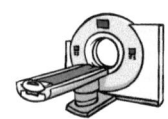

picha changanufu ya mwili

سی ٹی اسکن

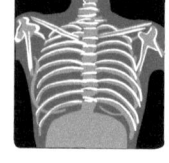

Eksrei

پرتونگاری

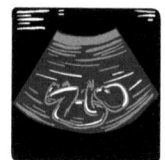

mawimbi sauti

سونوگرافی

barakoa ya uso

ماسک صورت

ugonjwa

بیماری

chumba cha kusubiri

اتاق انتظار

mkongojo

چوب زیر بغل

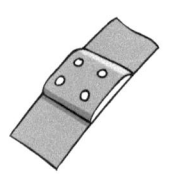

plasta

چسب زخم

bendeji

پانسمان

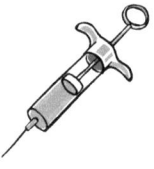

sindano

تزریق

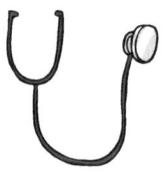

stetoskopu

گوشی طبی

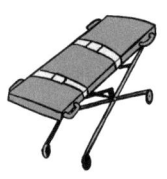

machela

برانکار

kipimajoto cha kliniki

دماسنج

kuzaliwa

زایش

unene kupita kiasi

اضافه وزن

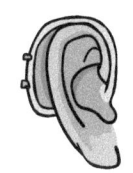

kusikia misaada

سمعک

kipukusi

ماده ضد عفونی کننده

maambukizi

عفونت

virusi

ویروس

VVU / UKIMWI

اچ ای وی / ایدز

dawa

دارو

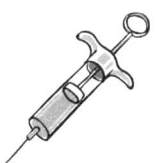

chanjo

واکسیناسیون

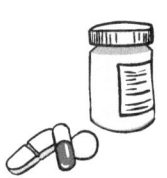

vidonge

قرص

kidonge

قرص ضد حاملگی

simu ya dharura

تماس اظطراری

haemodainamometa

دستگاه اندازه گیری فشارخون

mgonjwa / mwenye afya

مریض / سالم

Msaada!

کمک!

kengele

آژیر خطر

pigo

حمله

shambulizi

حمله ی فیزیکی

hatari

خطر

lango la dharura

خروج اضطراری

Moto!

آتش

kizima moto

کپسول اتش نشانی

ajali

تصادف

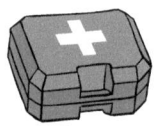

vifaa vya huduma ya kwanza

جعبه کمک های اولیه

wito wa msaada

درخواست کمک

polisi

پلیس

Ulaya

اروپا

Amerika ya Kaskazini

امریکای شمالی

Amerika ya Kusini

امریکای جنوبی

Afrika

أفریقا

Asia

أسیا

Australia

استرالیا

Atlantiki

اقیا نوس اطلس

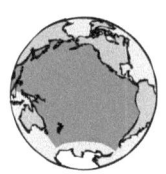

Pasifiki

اقیانوس أرام

Bahari ya Hindi

اقیانوس هند

Bahari ya Antaktiki

اقیا نوس اطلس جنوبی

Bahari ya Aktiki

اقیانوس منجمد شمالی

Ncha ya Kaskazini

قطب شمال

Ncha ya Kusini

قطب جنوب

Antaktika

قاره قطب جنوب

dunia

کره زمین

nchi

سرزمین

bahari

دریا

kisiwa

جزیره

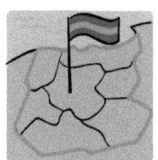

taifa

ملت

jimbo

کشور

uso wa saa

صفحه ی ساعت

akrabu ya saa

ساعت شمار

akrabu ya dakika

دقیقه شمار

akrabu ya sekunde

ثانیه شمار

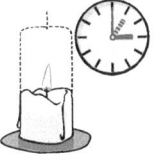

Ni saa ngapi?

ساعت چند است؟

siku

روز

wakati

زمان

sasa

اکنون

saa ya dijitali

ساعت دیجیتال

dakika

دقیقه

saa

ساعت

Jumatatu
دوشنبه

Jumatano
چهارشنبه

Ijumaa
جمعه

Jumanne
سه شنبه

Jumamosi
شنبه

Alhamisi
پنج شنبه

Jumapili
یک شنبه

jana
دیروز

leo
امروز

kesho
فردا

asubuhi
صبح

saa sita mchana
ظهر

jioni
غروب

siku za biashara
روزهای کاری

mwishoni mwa wiki
آخر هفته

mvua
باران

upinde wa mvua
رنگین کمان

upepo
باد

theluji
برف

majira ya machipuko
بهار

vuli
پاییز

kiangazi
تابستان

majira ya baridi
زمستان

4.APRIL	11°	☀
5.APRIL	4°	🌧
6.APRIL	13°	🌩
7.APRIL	8°	❄
8.APRIL	10°	❄

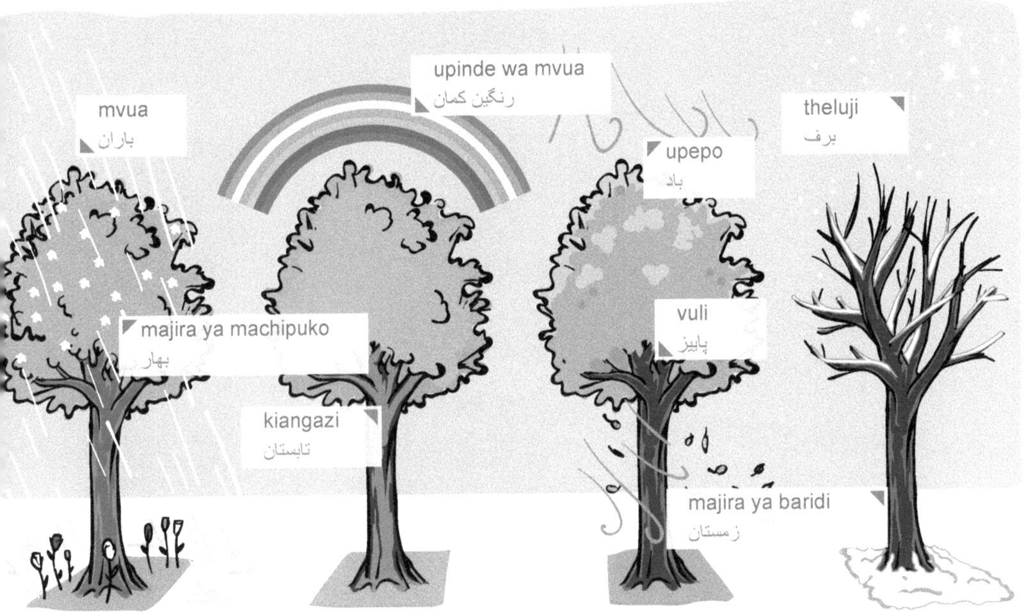

utabiri wa hali ya hewa
....
پیش‌بینی اوضاع جوی

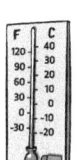

kipimajoto
....
دماسنج

mwanga wa jua

تابش آفتاب

wingu
....
ابر

ukungu
....
مه

unyevu
....
رطوبت هوا

umeme

صاعقه

radi

آسمان غره

dhoruba

طوفان

mvua ya mawe

تگرگ

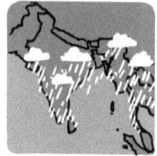

monsuni

باد موسمی

mafuriko

سیل

barafu

یخ

Januari

ژانویه

Februari

فوریه

Machi

مارس

Aprili

آوریل

Mei

مه

Juni

ژوئن

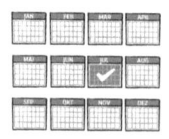

Julai

ژوئیه

Agosti

أگوست

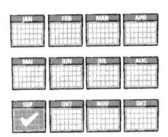

Septemba

سپتامبر

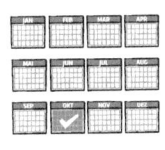

Oktoba

اكتبر

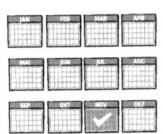

Novemba

نوامبر

Desemba

دسامبر

maumbo

أشكال

maumbo

أشكال

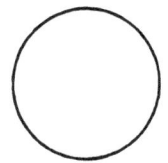

mduara

دايره

mraba

مربع

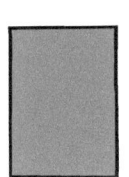

mstatili

مستطيل

pembetatu

سه گوش

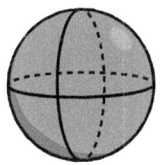

nyanja

گره

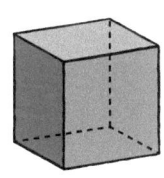

mchemraba

مكعب مربع

nyeupe

سفید

manjano

زرد

chungwa

نارنجی

rangi ya waridi

صورتی

nyekundu

قرمز

hudhurungi

بنفش

bluu

آبی

kijani

سبز

hanja

قهوه ای

jivujivu

خاکستری

nyeusi

سیاه

mengi / kidogo

خیلی / کم

hasira / pole

خشمگین / آرام

nzuri / mbaya

زیبا / زشت

mwanzo / mwisho

شروع / پایان

kubwa / ndogo

بزرگ / کوچک

angavu / giza

روشن / تیره

kaka / dada

برادر / خواهر

safi / chafu

تمیز / آلوده

kamilika / tokamilika

کامل / ناقص

siku / usiku

روز / شب

wafu / hai

مرده / زنده

pana / nyembamba

پهن / باریک

kulika / kutolika

قابل خوردن / غیر قابل خوردن

ovu / ema

غضبناک / مهربان

sisimkwa / udhika

هیجان زده / بی حوصله

nene / nyembamba

چاق / لاغر

kwanza / mwisho

اولین / آخرین

rafiki / adui

دوست / دشمن

jaa / tupu

پر / خالی

ngumu / laini

سفت / نرم

nzito / nyepesi

سنگین / سبک

njaa / kiu

گرسنگی / تشنگی

mgonjwa / mwenye afya

مریض / سالم

haramu / kisheria

غیرقانونی / قانونی

akili / kijinga

باهوش / خنگ

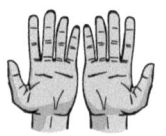

kushoto / kulia

چپ / راست

karibu / mbali

نزدیک / دور

mpya / kutumika

نو / استفاده شده

kitu / jambo

هیچ چیز / چیزی

zee / changa

پیر / جوان

waka / zima

روشن / خاموش

wazi / fungwa

باز / بسته

utulivu / kelele

اهسته / بلند

tajiri / masikini

ثرونمند / فقیر

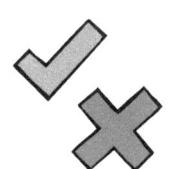

sahihi / kosa

درست / غلط

mbaya / laini

زبر / صاف

huzunika / furahia

غمگین / خوشحال

fupi /ndefu

کوتاه / بلند

polepole / haraka

کند / تند

nyevu / kavu

تر / خشک

joto / baridi

گرم / خنک

vita / amani

جنگ / صلح

0

sufuri

صفر

1

moja

یک

2

mbili

دو

3

tatu

سه

4

nne

چهار

5

tano

پنج

6

sita

شش

7

saba

هفت

8

nane

هشت

9

tisa

نه

10

kumi

ده

11

kumi na moja

یازده

12

kumi na mbili

دوازده

13

kumi na tatu

سیزده

14

kumi na nne

چهارده

15

kumi na tano

پانزده

16

kumi na sita

شانزده

17

kumi na saba

هفده

18

kumi na nane

هجده

19

kumi na tisa

نوزده

20

ishirini

بیست

100

mia

صد

1.000

elfu

هزار

1.000.000

milioni

میلیون

Kiingereza

انگلیسی

Kiingereza cha Marekani

انگلیسی امریکایی

Kimandarini cha Uchina

چینی ماندارین

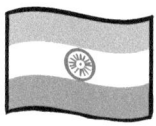

Kihindi

هندی

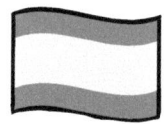

Kihispania

اسپانیایی

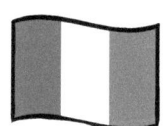

Kifaransa

فرانسوی

Kiarabu

عربی

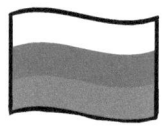

Kirusi

روسی

Kireno

پرتغالی

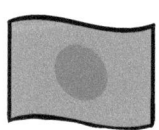

Kibengali

بنگالی

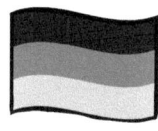

Kijerumani

آلمانی

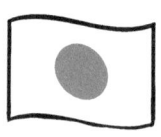

Kijapani

ژاپنی

mimi

من

wewe

تو

yeye / yeye / ni

او

sisi

ما

wewe

شما

wao

انها

nani?

چه کسی؟ کی؟

nini?

چی؟

jinsi gani?

چگونه؟

wapi?

کجا؟

lini?

کی؟

jina

نام

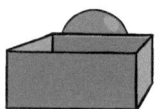

nyuma

پشت

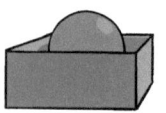

katika

توی

mbele ya

جلو

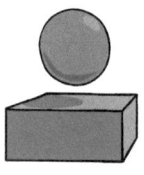

juu ya

بالای

kwenye

روی

chini ya

زیر

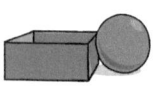

kando

مجاور

kati

بین

mahali

مکان